まちごとチャイナ

Shandong 006 Linzi

臨淄

栄華きわめた春秋戦国「斉の都」

Asia City Guide Production

【白地図】山東省と渤海沿岸

CHINA
山東省

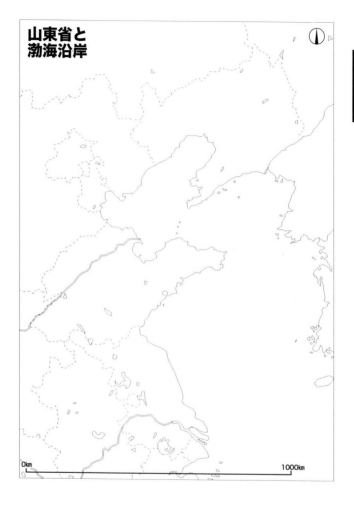

【白地図】臨淄と山東半島

CHINA
山東省

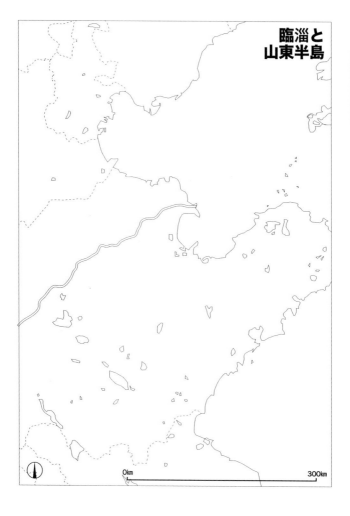

臨淄と山東半島

Lin Zi

白地図

【白地図】臨淄

CHINA
山東省

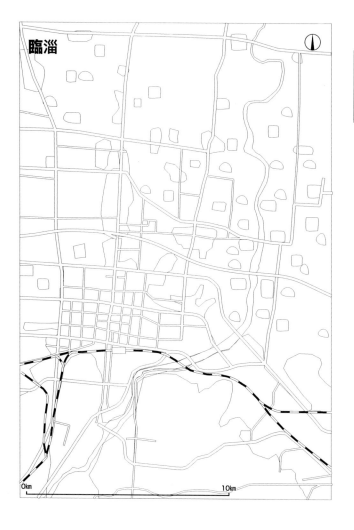

臨淄 Lin Zi 白地図

【白地図】臨淄（辛店）

CHINA
山東省

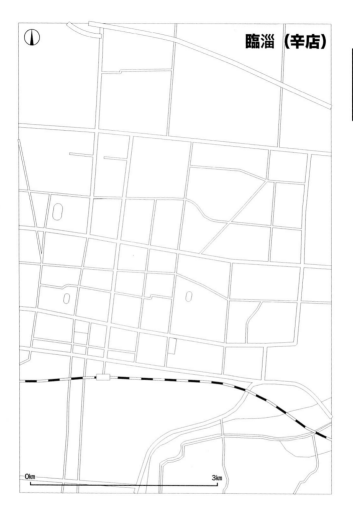

臨淄（辛店）

Lin Zi

白地図

【白地図】臨淄（辛店）中心部

CHINA
山東省

【白地図】姜太公祠

CHINA
山東省

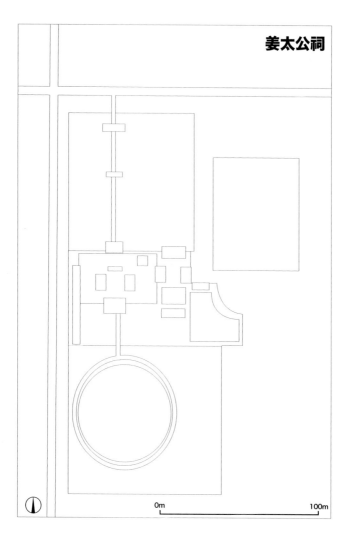

【白地図】斉都鎮

CHINA
山東省

【白地図】斉都鎮中心部

CHINA
山東省

斉都鎮中心部

Lin Zi 白地図

【白地図】東周墓殉馬館

CHINA
山東省

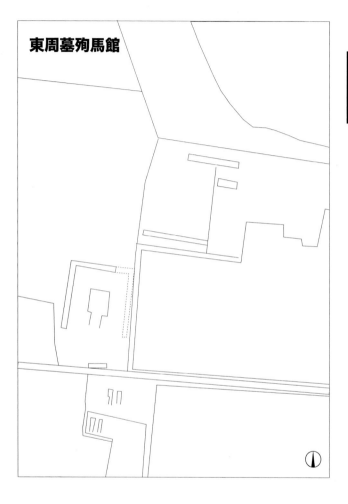

【白地図】斉陵街道

CHINA
山東省

管仲紀念館

斉陵街道

Lin Zi

白地図

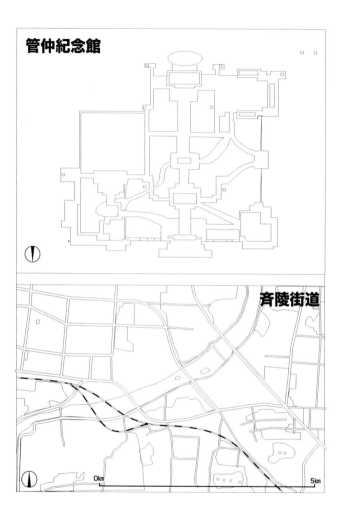

【白地図】淄博郊外

CHINA
山東省

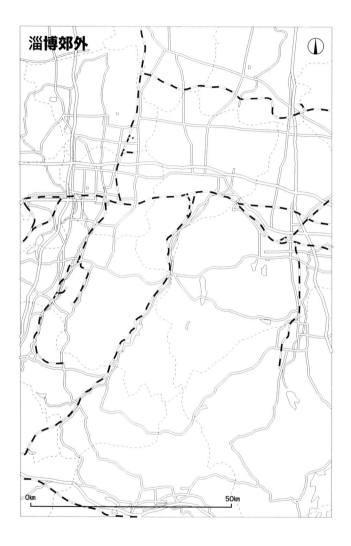

【白地図】淄博

CHINA
山東省

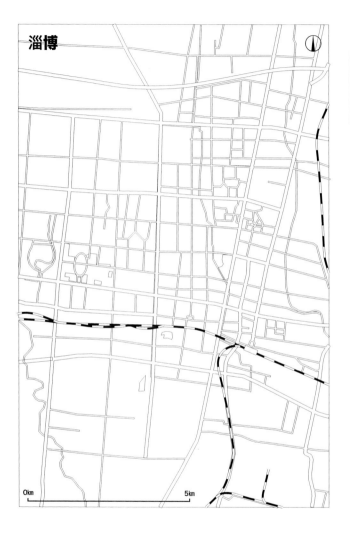

淄博 Lin Zi 白地図

【白地図】周村

CHINA
山東省

周村

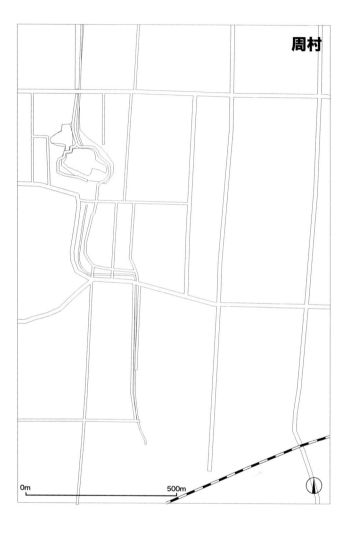

Lin Zi 白地図

CHINA
山東省

【まちごとチャイナ】
001 はじめての山東省
002 はじめての青島
003 青島市街
004 青島郊外と開発区
005 煙台
006 臨淄
007 済南
008 泰山
009 曲阜

膠済鉄道（青島と済南を結ぶ）が東西に走る山東省の中央部に位置する臨淄。淄博市の東部にあたり、春秋戦国時代、最高の繁栄を見せた「斉（春秋五覇、戦国七雄のひとつ）」の都がここにあった。

臨淄（営邱）は紀元前11世紀、殷周革命功労者の太公望が封建されて斉の都となり、以来、3000年以上の歴史をもつ。とくに春秋時代（紀元前770～前403年）の「覇者」桓公、その宰相の管仲が活躍し、また戦国時代（紀元前403～前221年）には臨淄「稷門」に集まった儒家、道家、墨家な

臨淄
临淄 Lín zī リンツウ
Lin Zi

どの諸子百家が知られ、春秋戦国から秦漢にいたる1000年に渡って臨淄の繁栄は続いた。

　現在、のどかな田園地帯のなかに臨淄斉国故城の遺跡が点在し、地下には春秋戦国時代、秦漢時代の遺構が豊富に残ると考えられている。一方、20世紀以降は、石炭、石油などの天然資源を有する新興の石油化学工業都市として発展し、臨淄斉国故城南西の辛店（臨淄）に街の中心が遷っている。

【まちごとチャイナ】

山東省 006 臨淄

目次

臨淄 ……………………………………………………… xxviii

斉国八〇〇年の都 ……………………………………… xxxvi

臨淄城市案内 …………………………………………… xlvii

姜太公祠鑑賞案内 ……………………………………… lvii

斉都鎮城市案内 ………………………………………… lxviii

ヒトモノカネの斉国譚 ………………………………… cix

斉陵街道城市案内 ……………………………………… cxvii

淄博城市案内 …………………………………………… cxxxv

臨淄こぼればなし ……………………………………… clvii

【MEMO】

Lin Zi

臨淄

【地図】山東省と渤海沿岸

【地図】臨淄と山東半島の [★★☆]
□　臨淄（辛店）临淄リンツウ

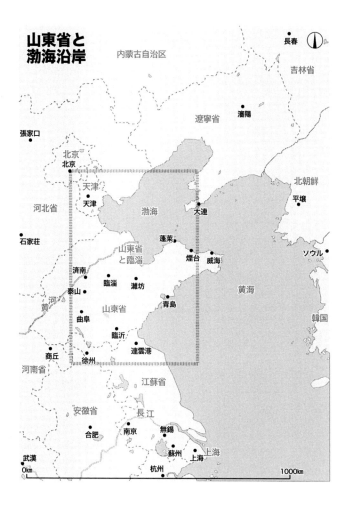

【地図】臨淄と山東半島

【地図】臨淄と山東半島の [★★☆]
- [ ] 臨淄（辛店）临淄 リンツウ

【地図】臨淄と山東半島の [★☆☆]
- [ ] 淄博 淄博 ツウボウ
- [ ] 青州 青州 チィンチョウ

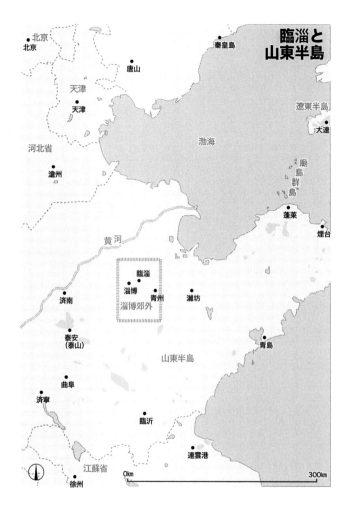

斉国八〇〇年の都

CHINA
山東省

儒家、道家、墨家、法家など諸子百家が集った臨淄
海の塩と山の幸など豊かな物資を背景とした
斉の都臨淄は春秋戦国時代を通じて中国随一の都だった

臨淄のかんたんな歴史

臨淄近郊の淄河や烏河のほとりには、大汶口文化や龍山文化など新石器時代の遺跡が残っていて、周代以前は「東夷」と呼ばれる人たちが暮らしていた。周の武王が殷を滅ぼすと、もっとも功のあった太公望が紀元前1045年、営邱（臨淄）に封建され、ここに斉の国がはじまった。紀元前859年より、現在の臨淄に都がおかれて、紀元前221年に秦に統一されるまで斉の都として繁栄は続いた。その後の漢代も、長安（西安）とならび称されるなど繁栄は続いたが、魏晋南北朝（220～589年）には街は衰退していき、臨淄斉国故城の小城と大城

Lin Zi 斉国八〇〇年の都

のうち、大城は放棄され、小城は唐宋以降も残った（斉国時代の数分の1の大きさになった）。元代の1278年に臨淄県がおかれ、臨淄旧城（斉都鎮）が築かれて、明代の1369年に山西省洪洞の人たちが入植してくるなど、明清時代もこぢんまりとした状態で臨淄は持続した。時代はくだって、20世紀初頭、膠済鉄道が南西の辛店（現在の臨淄）を通り、1970年代になるとこの地に埋蔵する石炭、石油産業を中心とする新たな街が辛店に築かれた。

山東省

「斉の都」臨淄のにぎわい

「臨淄城は戸数七万、町は富み栄え、民はみな音曲を奏で、闘鶏・走狗・六博・蹴鞠の遊戯にふけり、大通りは車輪のしんがうちあい人の肩がすりあい、衣服がひるがえる雑踏で、人々の汗は雨のようだ」。『戦国策』に記された紀元前4世紀の臨淄の様子で、当時35〜40万人という世界最大の人口をもつ脅威の都市であったことがうかがえる。この斉は桓公や管仲の活躍した春秋時代の「姜斉（紀元前1045〜前386年）」と、下克上によって代わった戦国時代の「田斉（紀元前386年〜前221年）」にわかれ、春秋五覇や戦国七雄と称される

▲左　周の太公望がここに封建され、斉を建国した。　▲右　斉都鎮に残る城塞のような斉国歴史博物館

など、春秋戦国時代を通じて繁栄をきわめた。こうした斉の繁栄は、他の中原諸国になかった海（塩漁）をひかえ、山（森林）、肥沃な大地（桑、麻が育ち、鉄鉱を埋蔵する）をもつ地勢と資源によるところが大きかった。

斉は天下の中心！？

南東130kmに泰山から琅琊へ続く「山東丘陵（斉長城）の線」、北西65kmあたりを流れる「黄河（済水）の線」、渤海から黄海へいたる「海岸線」に囲まれた領域が斉国の世界だった。この「山東丘陵（斉長城）の線」の南には、儒教の孔子を生

CHINA
山東省

んだ魯国があり、現在の山東省の領域にあたる斉と魯は、春秋戦国時代を通じて輝かしい文化を築いた。斉とは「臍（へそ）」に通じる言葉で、泰山をのぞむこの地を斉の人びとは「天下の中心」だと考えていた。臨淄城南には、国名の由来となった天斉の泉がわき、そこが信仰の対象となった。また臨淄という街名は、山東省莱蕪県から流れる淄河（淄水）の西岸に位置することから名づけられ、「淄水に臨む」臨淄となった。

▲左　市街地の臨淄（辛店）と斉都鎮は少し離れていてバスが結んでいる。
　▲右　管鮑の交わりで知られる斉の宰相をまつる管仲紀念館

臨淄の構成

臨淄市街の東側を淄河が流れ、南に牛山、稷山の低丘陵、北側に黄河デルタの平原が続く。春秋戦国時代の斉の都（臨淄斉国故城）は、現在の臨淄市街の北東 7 km ほどの斉都鎮におかれ、こちらが長いあいだ「臨淄」と呼ばれていた。臨淄斉国故城は周囲 14.2 km の大城と、周囲 7.2 km の小城からなる広大なものだったが、漢代を過ぎると衰退し、やがて大城は放棄された。その後、小城（現在の斉都鎮）そばに城市が築かれ、元・明・清代（13 〜 20 世紀）の臨淄旧城は城壁に囲まれていた。膠済鉄道が 20 世紀初頭から走ると、その駅のおかれ

CHINA
山東省

た辛店(現在の臨淄)が交通の要地となり、1970年代以降、石炭の発掘にあわせて辛店に新しい街が築かれた。以来、この街に行政機能が遷されて新興都市臨淄(辛店)が発展をはじめ、それまでの臨淄旧城は斉都鎮と名前を変えた。そのため臨淄をさすとき、春秋戦国時代の「臨淄(臨淄斉国故城)」、元・明・清代の「臨淄(臨淄旧城、斉都鎮)」、現在の「臨淄(辛店)」という3通りのもちいられかたをする。

臨淄の構成

【地図】臨淄

【地図】臨淄の［★★★］
- [ ] 姜太公祠 姜太公祠 ジィアンタァイゴォンツウ
- [ ] 斉国歴史博物館 齐国历史博物馆 チイグゥオリイシイボオウグゥアン
- [ ] 管仲紀念館 管仲纪念馆 グゥアンチョンジイニィエングゥアン

【地図】臨淄の［★★☆］
- [ ] 臨淄（辛店）临淄 リンツウ
- [ ] 臨淄斉国故城 临淄齐国故城 リンツウチイグゥオグウチャァン
- [ ] 東周墓殉馬館 东周墓殉马馆 ドォンチョウムウシュンマアグゥアン

【地図】臨淄の［★☆☆］
- [ ] 斉都鎮 齐都镇 チイドウチェン
- [ ] 孔子聞韶処 孔子闻韶处 コォンツウウェンシャオチュウ
- [ ] 古車馬館 古车马馆 グウチャアマアグゥアン
- [ ] 田単墓 田单墓 ティエンダァンムウ
- [ ] 斉都文化城 齐都文化城 チイドウウェンフゥアチャン
- [ ] 淄河 淄河 ツウハア
- [ ] 四王塚 四王冢 スウワァンチョン

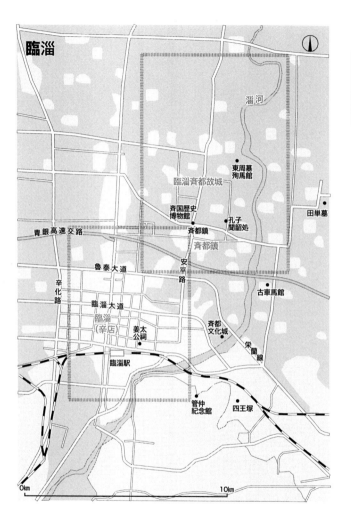

Lin Zi 斉国八〇〇年の都

Guide, Lin Zi
臨淄
城市案内

臨淄旧城の南西7kmに位置する臨淄
鉄道の開通、石油や石炭といった
工業によってつくられた新市街

臨淄（辛店）临淄 lín zī リンツウ ［★★☆］

現在の臨淄市街は長いあいだ辛店鎮と呼ばれ、1970年代以降に臨淄の中心となった新興都市。春秋戦国時代以来の臨淄は、ここ（辛店）から北東7kmの斉都鎮にあったが、20世紀初頭に鉄道が通じたことで辛店に駅ができ、乗り合い自動車の起点になるなど、交通の拠点として発展した。とくに20世紀後半に入り、臨淄近郊に埋蔵する鉱物が注目され、それまでのどかだった辛店鎮は、急速に整備が進んでいった。1974年に臨淄区政府もこちらへ遷され、街は碁盤の目状の整然としたたたずまいを見せる。現在、石油化学の大企業が

【地図】臨淄（辛店）

【地図】臨淄（辛店）の [★★★]
- ☐ 姜太公祠 姜太公祠ジィアンタァイゴォンツウ
- ☐ 管仲紀念館 管仲纪念馆 グゥアンチョンジイニィエングゥアン

【地図】臨淄（辛店）の [★★☆]
- ☐ 臨淄（辛店）临淄リンツウ

【地図】臨淄（辛店）の [★☆☆]
- ☐ 晏嬰公園 晏婴公园ヤンインゴンユゥエン
- ☐ 斉園 齐园チイユゥエン
- ☐ 田穰苴墓 田穰苴墓ティエンラァンジュウムウ
- ☐ 淄河 淄河ツウハア

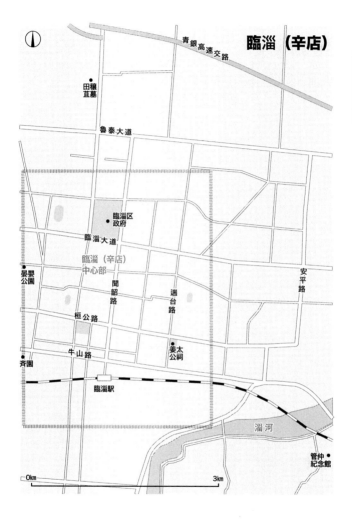

【地図】臨淄（辛店）中心部

【地図】臨淄（辛店）中心部の ［★★★］
- [ ] 姜太公祠 姜太公祠 ジィアンタァイゴォンツウ

【地図】臨淄（辛店）中心部の ［★★☆］
- [ ] 臨淄（辛店）临淄 リンツウ

【地図】臨淄（辛店）中心部の ［★☆☆］
- [ ] 晏嬰公園 晏婴公园 ヤンインゴンユゥエン
- [ ] 斉園 齐园 チイユゥエン

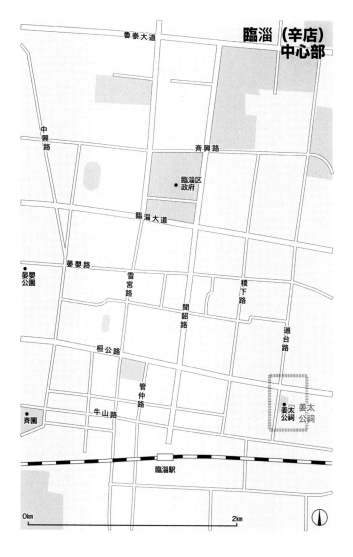

山東省

拠点を構え、そこに勤務する人たちの暮らす高層マンションも林立する。

晏嬰公園 晏婴公园
yàn yīng gōng yuán ヤンインゴンユゥエン [★☆☆]
辛店中心部、東西の伸びる緑地の晏嬰公園。晏嬰（〜紀元前500年）は霊公、荘公、景公の3代、50年にわたって仕えた斉の宰相。春秋戦国時代の斉に関するモニュメントが見える。

【MEMO】

山東省

斉園 斉园 qí yuán チイユゥエン [★☆☆]

斉園は、春秋戦国時代の大国「斉」をテーマにした公園。1984年に開放され、「斉王宮」「天斉淵」「姜太公釣魚台」「摩崖石刻」などが再現されている。

田穰苴墓 田穰苴墓
tián ráng jū mù ティエンラァンジュウムウ [★☆☆]

斉の武将の田穰苴は、斉の景公の大司馬（軍部長官）だったことから、司馬穰苴の名でも知られる（軍政を司る大司馬は西周時代からおかれていた）。春秋時代の紀元前6世紀なか

▲左　臨淄中心部のバスターミナルにて。　▲右　新興都市として20世紀後半に発展した

ごろ、司馬穰苴は宰相晏嬰の推挙を受けて出陣し、晋、燕軍の侵攻を見事に打ち破った。賞罰の基準を明らかにする軍紀の確立、用兵と作戦など、司馬穰苴の兵法は、のちの田斉（戦国時代）の威王のときにまとめられ、黄金時代を迎えた斉国で重宝されたという。田穰苴墓は斉都鎮尹家荘の南250mに位置し、高さ10mほど、南北25m、東西38mの規模となっている。

Guide, Jiang Tai Gong Ci
姜太公祠鑑賞案内

臨淄は紀元前11世紀、殷周革命を成し遂げた軍師の
太公望が封建されたという由緒正しい歴史をもつ
太公望（姜太公）の廟、姜太公祠

姜太公祠 姜太公祠
jiāng tài gōng cí ジィアンタァイゴォンツウ ［★★★］

臨淄市街の東南側に位置する姜太公祠は、斉の都臨淄を開いた太公望（姜太公）はじめ、この地ゆかりの人物をまつった道教寺院。入口に「天斉至尊」の扁額のかかった黄色屋根瓦、極彩色の牌楼、続いて石づくり三間の牌楼が立つ。その奥は四合院様式の祠、宮、園、林からなり、中軸線には太公望像の安置された「姜太公祠主殿」、最奥には「姜太公衣冠」と続く。管仲、孫武、孫臏、司馬穣苴、田単らの「五賢殿」、東華帝君、呂洞賓、張天師、王重陽、長春真人らの「五祖殿」もあ

【地図】姜太公祠

【地図】姜太公祠の [★★★]
- ☐ 姜太公祠 姜太公祠ジィアンタァイゴォンツウ

【地図】姜太公祠の [★☆☆]
- ☐ 丘穆公祠 丘穆公祠チィウムウゴォンツウ
- ☐ 姜太公衣冠塚 姜太公衣冠冢 ジィアンタァイゴォンイイグゥアンチョン

姜太公祠

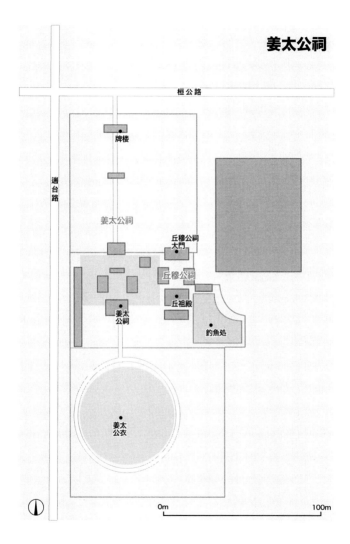

わせて位置する。1993年に整備され、臨淄の道教拠点となっている。

斉を建国した太公望とは

姜太公祠という名前は、太公望が姜姓出身であり、姜子牙という名前であったことに由来する(また呂尚という名前でも知られた)。殷末のある日、周の文王は渭水で釣りをしている呂尚(太公望)に出合い、その話を聞くにつれ、この人こそ「周の太公が待ち望んだ人(太公望)」だとし、軍師として周に迎え入れた。太公望は中国西方のチベット系牧畜民族

▲左　二重の牌楼が迎える、ここは臨淄の道教拠点。　▲右　中庭をもつ四合院様式の建築

である羌族を出自とし、その軍団の力を得た周は、文王に続く武王の時代に、太公望の戦略で殷を破った（紀元前1050年の牧野の戦い）。殷に替わった周は、自らの一族や諸侯を中国各地に封建して国を治めることにしたが、旧殷の勢力の残る山東臨淄には、殷周革命最大の功労者であった太公望が封建された。春秋戦国時代の大国「斉」はこのときにはじまる国で、太公望は製塩、漁業、機織りなどの産業を起こし、「君臣のあいだの礼を簡略化させ」「人民の風俗習慣にしたがって政治をした」ため、太公望赴任から5か月で、その政情を周公に報告できるほどだったという。太公望の著作として、

山東省

のちの世に編纂された『六韜』も知られる。

丘穆公祠 丘穆公祠
qiū mù gōng cí チィウムウゴォンツウ [★☆☆]

姜太公祠に隣接して立つ丘穆公祠。姜太公(太公望)の3子である穆公の子孫によって1995年、建てられた。現在、その子孫は台湾に暮らすという。

姜太公衣冠塚 姜太公衣冠冢 jiāng tài gōng yī guān zhǒng ジィアンタァイゴォンイイグゥアンチョン ［★☆☆］

姜太公祠の最奥部にある小さな丘陵の姜太公衣冠塚。ここには周王朝樹立の最大の功労者である太公望の衣冠（衣服と冠）がまつられている。伝説では、太公望は臨淄に封じられたものの、老齢であったため、実際、この地には来ず、その子や一族が臨淄で統治にあたったともいう。太公望の死にあたって、衣冠が臨淄に送られてきて、ここに埋葬されたとされる。

CHINA
山東省

姜太公祠にまつられた長春真人

長春真人（1148〜1227年）は、金と南宋から元代にかけて生きた全真教（道教の一派）の道士。山東省東部（登州棲霞）の人で、「知識極めて広く、読まない書とてはないほど」と言われていた。1219年、中央アジアに陣を構えるチンギス・ハンの招きを受け、山東の元帥が400騎の兵をもって、臨淄にいる長春真人を迎えにきた。長春真人は高齢（70歳）の身でありながら、山東からモンゴル、中央アジアをへて、ヒンドゥークシュ（アフガニスタン）に向かい、そこでチンギス・ハンと面会した。「いかなる長生の薬あるか、あらばもっ

▲左　太公望から数百年、臨淄は古代中国で最高の繁栄を見せた街だった。
　▲右　廟の最奥に位置する姜太公衣冠塚

て朕に資せよ」とのチンギス・ハンの問いに、「衛生の方法はあるが、長生の薬はない」と答え、信任を得て、道教の最高指導者として北京に戻った。

釣魚処と「覆水盆に返らず」

太公望（姜太公）説話から整備された釣魚処。周の文王は、田車（狩猟用の馬車）を走らせて渭水の北で狩猟を行なったとき、釣りをしている太公望と出合った。「三宝とは何か？」「大農・大工・大商を三宝という」といった問答のなかで、文王はこの人こそ「先公（太公）の望んだ賢人だ」と太公望

CHINA
山東省

を周の軍師に迎えた。太公望は文王に見出されるまで、毎日、釣りをしていたと言われ、「太公望」は釣り人の代名詞にもなっている。また「覆水盆に返らず」という言葉は、かつて釣りをしたり、読書ばかりしている太公望に愛想をつかせた元妻が、その後、臨淄で出世した太公望に復縁をのぞみ、太公望が盆に水を入れてもってこさせ、それを地面にこぼして見せて、復縁をこばんだことに由来する。

**Guide,
Qi Dou Zhen**
斉都鎮
城市案内

CHINA
山東省

紀元前11世紀、太公望が封建された営邱(臨淄)
以来、800年以上に渡って斉の都がおかれていた
当時の臨淄は現在、斉都鎮と名前を変えている

斉都鎮 齐都镇 qí dōu zhèn チイドウチェン [★☆☆]

春秋戦国時代(紀元前770〜前221年)の斉の都(臨淄)が
おかれていたことから名づけられた斉都鎮。ここ斉都鎮には、
戦国時代の田斉の都にして、王族、商人、職人、庶民たちを
あわせて居住者35〜40万人(7万戸)という、紀元前4世
紀の世界では空前の規模を誇る、中国最大の経済、文化の都
があった。この都には斉都鎮の西側の王族の暮らす「小城」、
北東側の市民の暮らす「大城」があったが、3世紀以後は衰
退していき、周囲16kmあった城壁は、周囲3kmの規模になっ
た。その後、元(1260〜1368年)末にダルガチの姚仲明によっ

斉都鎮城市案内 Lín Zī

て県城が建てられ、その後、明清時代の臨淄もここ斉都鎮にあった。20世紀後半以後、臨淄の中心は南西の辛店に遷ったが、斉都鎮には当時の面影をしのばせる遺構が各所に残り、斉都鎮の中心から離れれば、のどかな光景が広がっている。

臨淄旧城（老県城）临淄旧城
lín zī jiù chéng リンツウジィウチャァン [★☆☆]

斉都鎮にはかつて高さ10m、周囲3kmの城壁をめぐらせる臨淄旧城（老県城）があった。元代の1278年に臨淄県がおかれ、元末1352年にダルガチの姚仲明によって新たに県城

【地図】斉都鎮

【地図】斉都鎮の [★★★]
- 斉国歴史博物館 齐国历史博物馆
  チイグゥオリイシイボオウグゥアン

【地図】斉都鎮の [★★☆]
- 臨淄斉国故城 临淄齐国故城
  リンツウチイグゥオグウチャァン
- 東周墓殉馬館 东周墓殉马馆
  ドォンチョウムウシュンマアグゥアン

【地図】斉都鎮の [★☆☆]
- 斉都鎮 齐都镇 チイドウチェン
- 桓公台建築遺跡 桓公台建筑遗址
  フゥアンゴォンタァイジィアンチュウイイチイ
- 稷下学宮遺跡 稷下学宫遗址
  ジイシィアシュエゴォンイイチイ
- 孔子聞韶処 孔子闻韶处 コォンツウウェンシャオチュウ
- 晏嬰墓 晏婴墓 ヤンイィンムウ
- 斉故城排水道口 齐故城排水道口
  チイグウチャンパァイシュイダオコウ
- 営邱城故址 营丘城故址 インチュウチャァングウチイ
- 古車馬館 古车马馆 グウチャアマアグゥアン
- 後李遺跡 后李遗址 ホウリイイイチイ
- 淄河 淄河 ツウハア

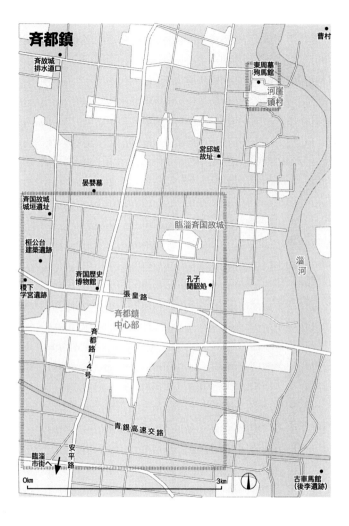

【地図】斉都鎮中心部

【地図】斉都鎮中心部の [★★★]
- [ ] 斉国歴史博物館 齐国历史博物馆
  チイグゥオリイシイボオウグゥアン

【地図】斉都鎮中心部の [★★☆]
- [ ] 臨淄斉国故城 临淄齐国故城
  リンツウチイグゥオグウチャァン

【地図】斉都鎮中心部の [★☆☆]
- [ ] 斉都鎮 齐都镇 チイドウチェン
- [ ] 臨淄旧城（老県城）临淄旧城 リンツウジィウチャァン
- [ ] 臨淄石刻館 临淄石刻馆 リンツウシイカアグゥアン
- [ ] 桓公台建築遺跡 桓公台建筑遗址
  フゥアンゴォンタァイジィアンチュウイイチイ
- [ ] 稷下学宮遺跡 稷下学宫遗址
  ジイシィアシュエゴォンイイチイ
- [ ] 孔子聞韶処 孔子闻韶处 コォンツウウェンシャオチュウ
- [ ] 晏嬰墓 晏婴墓 ヤンイィンムウ
- [ ] 三士塚 三士冢 サンシイチョン

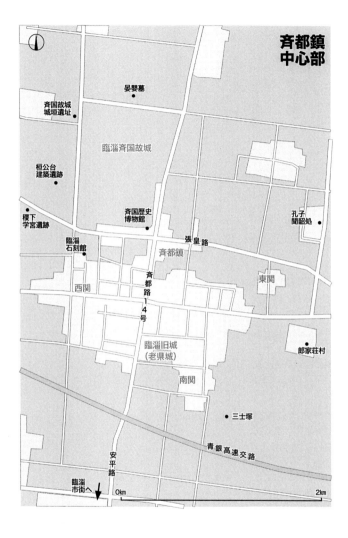

斉都鎮城市案内 | Lin Zi

CHINA
山東省

が建てられ、その後、明清時代を通じて幾度も修復された(明清時代は青州府に属した)。城内には城隍廟や文廟、魁星閣、東門外に関帝廟、西関北に西天寺があり、東西南北の門をそれぞれ朝陽門、通画門、迎恩門、望京門といった。1661年に建てられた県衙南大門が明清時代の臨淄旧城の面影を伝える。

臨淄斉国故城 临淄齐国故城 **lín zī qí guó gù chéng**
リンツウチイグゥオグウチャァン［★★☆］

太公望が臨淄に封建されたのちの紀元前859年、斉の献公が

▲左　古代の城壁を思わせる斉国歴史博物館の外観。　▲右　春秋戦国から秦漢までの出土品が展示されている

都を定めて臨淄と名づけ、以来、斉の都として1000年に渡って華北最高の繁栄を見せた臨淄斉国故城。王族たちの暮らした1770m×1200m規模の「小城（宮城、内城）」と、一般庶民が暮らした2600m×4000m規模の「大城（外郭、外城）」からなり、周囲に13の門をおき、用水や排水のための水路、防御機能もそなえていた。「小城（宮城、内城）」には、斉王族の暮らす宮殿や先祖の祭祀を行なう宗廟があり、「大城」には青銅鋳造工房区、製陶工房区、整骨工房区、住民居住区などがおかれて、農民、商人、工人、遊民といった市民が暮らしていた。大小ふたつの城をくみあわせる様式は戦国時代

Lin Zi　斉都鎮城市案内

CHINA
山東省

に登場し、のちに内城と外城という二重の入れ子構造の中国伝統の街のかたちへと発展していく(隋の長安大興城以来、城郭や都市の構造は左右対称になった)。桓公台建築遺跡の北に斉国故城城垣遺址が残る。

斉国歴史博物館 齐国历史博物馆 qí guó lì shǐ bó wù guǎn
チイグゥオリイシイボオウウグゥアン [★★★]

臨淄斉国故城の一角に立ち、春秋戦国時代の斉国の城郭を模した古城堡のような外観をもつ斉国歴史博物館。山東地方の新石器時代をあつかった「龍山文化庁」、太公望によって開

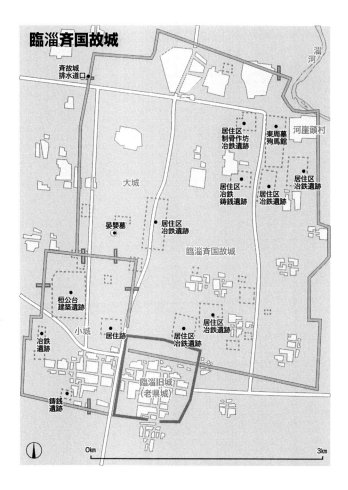

CHINA
山東省

かれた斉をテーマとした「西周文化庁」、覇者として中原に号令をかけた斉の桓公と管仲の「桓管覇業庁」、孔子が感銘を受けたという斉に伝わる音楽に関する「韶楽庁」、稷下の学として儒家、道家、墨家などがその思想を花開かせた「稷下庁」、斉の田単が火牛の計をもって燕の楽毅を破った「火牛庁」など、斉文化にまつわる 15 の展示が見られる。また博物館内では、斉の都臨淄の様子が再現された模型のほか、斉で使われた貨幣の「刀銭」、斉ゆかりの人物の「銅像」、戦国時代の「金銀錯鑲嵌銅犠尊」、古代中国で使われていた「鼎」や「酒器」も収蔵する。

Lin Zi

斉都鎮城市案内

春秋から戦国へ

殷を破った周は、自らの一族や功臣を中国各地に封建した。この周は長安を都とした西周(紀元前1050〜前771年)と、洛陽を都とした東周(紀元前770〜前256年)にわけられ、東周時代には周の力がおとろえ、斉をはじめとする諸侯が台頭した。春秋時代(紀元前770〜前403年)には131の諸侯があったが、戦国時代(紀元前403〜前221年)には7つの国が覇権を争うようになった(東周を春秋時代と戦国時代とにわける)。春秋から戦国時代にかけて、鉄器の発明で農業生産力が飛躍的に向上し、人口が増加して、戦争の規模も拡

CHINA
山東省

大した。都市に集まった富の蓄積は商人階層を台頭させ、斉では「田斉」が「姜斉」に替わるなど、実力で君子を奪う下克上が起きた。強大になった都市国家は領域を広げて領土国家となり、斉、燕、韓、魏、趙、秦、楚が戦国七雄とされた（紀元前221年、秦が中華を統一する）。こうした春秋から戦国に遷る社会の変化のなかで、孔子が西周の礼制を理想とする儒教の教えを説いたことも特筆される。

▲左 斉都鎮の中心部、かつての斉の都。 ▲右 紀元前4世紀、35〜40万人が暮らしていたという

臨淄石刻館 临淄石刻馆
lín zī shí kè guǎn リンツウシイカアグゥアン ［★☆☆］

五胡十六国後趙の皇帝石虎（在位334〜349年）によって建てられた興国寺に位置する臨淄石刻館。宋代に広化寺となり、明代、臨淄旧城の西関の北にあたったことから、西天寺と名づけられ、この寺に暁に響く鐘は、臨淄旧城の有名な光景だった。臨淄石刻館には、北魏時代の530年に彫られた高さ5.6m、幅1.8m、厚さ1mの大石仏が残り、西天寺北魏石仏の名で知られる（袈裟を肩からかけた北朝様式のたたずまいを見せる）。20世紀の文革時期に寺院は破壊をこうむり、現在は臨

CHINA
山東省

淄石刻館となっている。

桓公台建築遺跡 桓公台建筑遗址 huán gōng tái jiàn zhú yí zhǐ フゥアンゴォンタァイジィアンチュウイイチイ [★☆☆]

桓公台建築遺跡は斉の宮殿があった場所とされ、斉の桓公（〜紀元前643年）がここで愛妾と暮らし、閲兵したと伝えられる。桓公は宰相管仲の力を借りて、斉の国力を高め、北方民族（山戎、狄）や南方の楚の侵入から中原を守った。そして紀元前651年、葵丘に中原諸侯を集めて会盟を行ない、周王朝の力が弱まるなか、桓公は中原に号令する春秋五覇の最初

Lin Zi

斉都鎮城市案内

のひとりとなった(この会盟において、牛の耳を切って儀式をしたことから「牛耳をとる」という言葉が生まれた)。桓公台は、高さ14m、南北86 m、東西70mの規模で、周囲を排水道がめぐらされ、さまざまな瓦当も出土している。中心に土で固めた基壇(金鑾殿)をつくり、そのうえに木で組まれた建物を載せる台榭建築という様式で、春秋戦国時代から漢代にかけてつくられた。この台榭建築は、土壁を構造体とする北方建築と、柱と梁を構造体とする南方建築が組みあわさっている。

山東省

稷下学宮遺跡 稷下学宮遗址 jì xià xué gōng yí zhǐ
ジイシィアシュエゴォンイイチイ ［★☆☆］

威王、宣王、湣王と続いた時代（紀元前357〜前284年）が斉の全盛期で、3代の王たちはいずれも学者を優遇し、学問を奨励したため、中国史上でも類を見ないほどの学術文化が咲き誇った。斉の都臨淄に集った儒家、墨家、道家、法家、陰陽家、名家、兵家、縦横家といった学者たちは、臨淄斉国故城の稷門（西門）に暮らし、ここで朝廷から保護を受けた（列大夫という大臣につぐ地位をあたえられ、政治的実務を行なわず、日々、学問的な討論や研究にふけった）。臨淄稷門（西

▲左　街の中心から少し離れるとのどかな景色が広がる。　▲右　春秋戦国時代は学問の黄金時代でもあった

門）に集まったさまざまな説をとなえる諸子百家の数は、76人に達したという。斉の風土に根ざした本来の思想に、中国各地の思想が入り込み、互いに影響をあたえて成熟していったこの学問を「稷下の学」と呼ぶ。こうした斉朝廷による学問の奨励は、姜斉（春秋）から下克上で田斉（戦国）へ遷った時代の、知識人への懐柔策であったともされ、斉の衰えとともに稷下の学も衰退していった。

山東省

諸子百家たちの中国

春秋(紀元前770〜前403年)から戦国(紀元前403〜前221年)にかけて、それまでの氏族制度が解体していき、新たな商人層が台頭するなど、社会が大きく変動していた時代に登場したのが孔子(紀元前551〜前479年)だった。孔子は西周の礼楽や周公旦を理想とし、伝統的な王道を説き、その学派(儒教)は、孟子、荀子などの「儒家」によって受け継がれていった。こうした儒家の形式主義に真っ向から対抗したのが「墨家」で、すべての人に対する兼愛をかかげ、手工業者を中心とするギルド的な集団を形成した。一方、老子はあるがまま

Lin Zi

斉都鎮城市案内

の無為自然を説き、その弟子たちによって発展していった学派を「道家」と呼ぶ（老子はのちに成立する道教からも祖と見られた）。道家の思想をもとに現実的な学問を展開したのが「法家」で、法律による信賞必罰の政治を行ない、新興勢力に支持された（商鞅や韓非子などが知られ、秦の始皇帝は法家の思想を重んじて中国全土を統一した）。ほかには戦国七雄の合従（秦に対する六国の同盟）と連衡（秦といずれかの国を結ぶ）を諸国に説いてまわった蘇秦や張儀の「縦横家」、自然の秩序を思想にとりいれ、他の学派にも影響をあたえた「陰陽家（陰陽五行説）」などがあった。当時は紙が発明され

CHINA
山東省

ていない時代で、木簡、竹簡などに記され、弟子たちによってその考えや教えが後世に伝えられていった。

「孟姜女説話」発祥の地

長城の建設を命じられた夫杞梁に会いに行った孟姜女は、そこで夫の死を知る。孟姜女の流した涙で長城はくずれ、自らは投身自殺をするという『孟姜女』の物語。『梁祝伝説』『牛郎織女』『白蛇伝』とともに中国四大民間伝承のひとつとされ、夫への貞節、過酷な長城建設への民衆の怒りといった要素とともに、さまざまなかたちを変えながら、受け継がれてきた。

▲左　音楽は儒教の祭祀で重要視された。　▲右　3か月肉の味がわからないほど孔子が感銘を受けたという孔子聞韶処の近くにて

この孟姜女説話が最初に見えるのが『春秋左氏伝』の斉国の話で、紀元前549年、隣国の莒との戦いで戦士した夫杞梁の棺を前にした妻に対し、斉侯は杞梁の家まで弔問に行ったというもの。孟姜女は臨淄南郊外の斉長城あたりの村に引っ越してきた姜姓（太公望と同姓）だったとも、杞梁の遺体は臨淄城の南門外の墓地におかれたとも、孟姜女は淄河に身投げしたともいう。この孟姜女説話は、時代がくだるとともに、「夫の杞梁は始皇帝の命で徴収された」「孟姜女は涙で長城をくずした」「渤海に身を投げた」などの要素が加えられていった。杞梁のものとされる墓が斉都鎮郎家荘村の東に位置する。

山東省

孔子聞韶処 孔子闻韶处 kǒng zǐ wén sháo chù
コォンツウウェンシャオチュウ [★☆☆]

紀元前517年、35歳の孔子は魯の国の内乱をさけて景公時代の斉国を訪れ、数年とどまることになった。孔子聞韶処は韶院村に位置し、孔子はここで「韶」という音楽を聴いて、3か月肉の味がわからないほどの深い感銘を受けたという。古代中国では、音楽は天地陰陽の調和をはかるものとして祭祀などで重要視され、石磬、琴瑟に歌声をあわせ、笛や太鼓、鐘が奏でられた（虞舜時代の楽舞である楽九韶からなるため九韶ともいう。西周までに基本的な音階の体系はつくられて

Lin Zi 斉都鎮城市案内

いた)。「韶」は伝説上の舜帝が制定した音楽のひとつとされ、その音楽を聴くと鳳凰が飛んできて舞ったという。孔子が音楽を正式に学びはじめたのは29歳ごろだったと言われ、天地陰陽の秩序、礼楽を確立した周公旦を思慕した孔子は、その教えである儒教のなかで音楽を重視し、儒教の祭祀や儀礼では宮廷音楽がもちいられた。孔子聞韶処の石碑は、清末の1911年に建てられ、その横には横笛を吹く人、韶楽を聴く孔子の刻まれた「舞楽図」が見える。こうしたところから、臨淄は「音楽の都（斉国韶楽、斉地歌舞）」とも言われる。

山東省

晏嬰墓 晏嬰墓 yàn yīng mù ヤンイィンムウ ［★☆☆］

晏嬰（〜紀元前500年）は、霊公、荘公、景公の3代の斉王に仕え、100年前の管仲ともくらべられる名宰相。宰相になってからも肉食はひかえ、妾には絹の衣を着せないなど節制し、国を富ませ、斉の国を繁栄させた。同時代に生きた魯の孔子も、晏嬰を高く評価し、その言行録は『晏子春秋』として伝えられている（晏嬰は東夷「萊」の出身とされる。紀元前567年、斉軍をひきいた晏子の父、晏弱によって東夷は斉の版図に組み込まれた）。晏嬰墓は南北50m、東西43mの敷地にからなり、明代万暦年間に刻まれ、康熙帝時代に重修

された石碑「斉相晏平仲之墓」が残る。

斉故城排水道口 斉故城排水道口 qí gù chéng pái shuǐ dào kǒu チイグウチャンパァイシュイダオコウ ［★☆☆］

35〜40万人という人びとが暮らした臨淄斉国故城では、下水道が整備されていて、四条の排水溝がみつかっている。小城東側から大城北壁にいたる水溝は、幅30m、深さ3mで、2800m続く。斉故城排水道口は春秋戦国時代に整備された排水道口のひとつで、石を組みあわせ、水は流れるが人は通れないという構造をもつ。

山東省

東周墓殉馬館 东周墓殉马馆 dōng zhōu mù xùn mǎ guǎn
ドォンチョウムウシュンマアグゥアン [★★☆]

淄河にのぞむ臨淄斉国故城の北東隅近く、河崖頭村に位置する東周墓殉馬館。河崖頭村一帯は、春秋時代の斉国の王族や貴族の墓地にあたり、20あまりの中型墓が発掘されている（戦国時代に陵墓は大型化し、臨淄南郊外につくられるようになった）。東周墓殉馬館には、晏嬰の補佐を受けながら58年間、在位した斉第25代景公と目される人物の王墓が位置する。その周囲の西70m、北75m、東5mの「コ」の字型の殉馬溝に王に殉死した600頭ほどの殉馬が連なる（東の殉馬

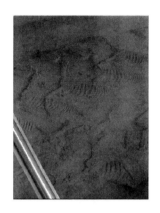

斉都鎮城市案内 Lin Zi

▲左　殉馬はわずかの隙間でならべられた。　▲右　斉都鎮から少し離れた東周墓殉馬館

溝は清朝末期に村壁をつくったときに破壊された)。この殉馬のうち、確認された228頭のほとんどが5〜7歳の壮年馬で、1mに2.7匹から2.8匹あたりの密度で埋葬されている。殷代にはすでに車馬埋葬が存在し、「馬の八尺以上は以て龍と為す」(周礼)と言われるなど、馬は祭祀や軍事と結びつき、当時の王族や諸侯にのみ、車馬の陪葬が許されていた。春秋戦国時代の斉国では大量の馬の飼育され、臨淄斉国故城の北側は河川が流れ、肥沃な平野だったため、牧草地としても最適だった。

【地図】東周墓殉馬館

【地図】東周墓殉馬館の [★★☆]
- 東周墓殉馬館 东周墓殉马馆
  ドォンチョウムウシュンマアグゥアン

【地図】東周墓殉馬館の [★☆☆]
- 淄河 淄河 ツウハア

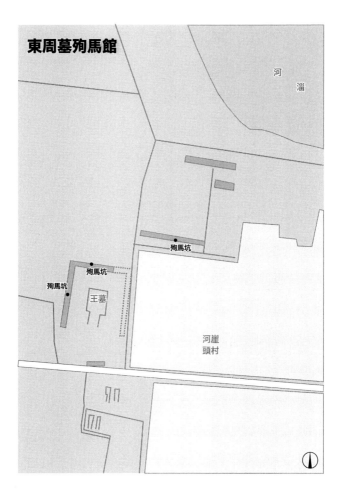

山東省

韓信宅と漢代臨淄の繁栄

始皇帝（紀元前259〜前210年）死後の秦帝国の打倒に立ちあがった楚の項羽と漢の劉邦。秦滅亡後、両者は熾烈な戦いを繰り広げたが、劉邦配下の武将韓信（〜紀元前196年）が臨淄を中心とする斉をおさえたことから、劉邦が優位になった。この韓信の宮殿があった場所とされるのが、臨淄斉国故城北東部の河崖頭村南西あたりで、この地には高さ4mほどの正方形の土盛が残っていた。韓信は漢王朝の成立にともなって斉王から楚王へ遷され、やがて殺害されるが、臨淄は漢代を通じて中国有数の繁栄を見せた。「斉の臨淄十万戸、

Lin Zi

斉都鎮城市案内

市祖千金、人々は豊かで、長安に並ぶほどである」と『漢書』に記され、劉邦の一族劉肥から13代続いた漢の斉王は臨淄に都をおき、70あまりの城をおさめていた。当時、渤海沿岸の山東半島には11もの製塩を管轄する役所があり、臨淄は、南陽、洛陽、邯鄲、成都とならぶ漢の五王都だった。また前漢時代、『史記』を記した司馬遷は、20歳のとき斉（臨淄）と魯で学問をおさめている。

山東省

営邱城故址 营丘城故址 yíng qiū chéng gù zhǐ
インチュウチャァングウチイ ［★☆☆］

紀元前11世紀の殷周革命。その最大の功労者である太公望は、莱に接する地であり、東夷の拠点でもあった営邱（臨淄）に封建された（莱とは夷）。これが春秋戦国通じての大国斉のはじまりで、街の周囲には多くの東夷が暮らしていたが、徐々に漢族化されていった。この営邱（臨淄）に関してはその位置はじめ、不確かなことが多いものの、臨淄斉国故城の北東一帯のこの地には地層の厚い高さ3〜4mの小丘があり、古代の貨幣や化石が出土することから、営邱（臨淄）だと目

▲左　斉の国では祭祀が盛んに行なわれた。　▲右　臨淄（辛店）と斉都鎮を結ぶ路線バス

されるようになった。「営邱城故址」と記された大理石の石碑が立つ。

孟子が訪れた雪宮

河崖頭から淄河を渡った対岸の曹村あたりは、春秋戦国時代の雪宮があった場所と伝えられる（臨淄の東北門を雪門と呼ぶのはここにちなむ）。雪宮は斉王室の離宮で、楼閣や庭園が築かれ、魚や動物が放し飼いにされていたという。自分の理想する政治を説くために遊説に訪れた儒家孟子は、ここで斉の宣王（在位紀元前319〜前301年）に面会したと伝えら

CHINA
山東省

れる(臨淄には稷下の学士が集まったが、稷門とは別に孟子を別格扱いでここに住まわせたという)。曹村はもともと雪宮村と呼ばれていたが、明初(14世紀)に曹村となった。

古車馬館 古车马馆
gǔ chē mǎ guǎn グウチャアマアグゥアン [★☆☆]

臨淄の古車馬館は1994年に完成し、殷代、周代、春秋時代から、戦国、秦代、漢代、また魏晋南北朝から明清時代にいたるまで19の古車馬の展示が見られる。古代中国において、馬と車は社会生活、軍事で大変重要視され、公務や喪車、王

妃用の馬車というようにそれぞれの場面や活動によって、各種の馬車が使いわけられてきた（殷代の車は構造の類似性からメソポタミアから来たものだと考えられている）。墓や祭祀遺跡からも車馬が発見され、所有する車馬が社会的地位を示した。また周代では戦車の保有数が国力そのものと見なされ、天子は「万乗」、諸侯は「千乗」の兵車をほこったという。馬2頭（もしくは4頭）にひかせた車に、弓や矛を手にした将が乗るといった春秋時代の戦いかたから、戦国時代は馬そのものに乗る騎馬戦術へと変わるなど、各時代ごとの車馬の変遷が見てとれる。

CHINA
山東省

後李遺跡 后李遗址 hòu lǐ yí zhǐ ホウリイイイチイ ［★☆☆］
後李遺跡は紀元前8500〜前7500年の山東省で営まれた新石器時代をはじめとする遺構。12層からなり、もっとも深い12〜10層が新石器時代の後李文化、9層が新石器時代の北辛文化、8〜6層が周代、5〜3層が漢代以降のもの。時代を負うごとに東夷の文化が中原の文化と融合していく過程が地層に刻まれている。

【MEMO】

山東省

三士塚 三士冢 sān shì zhǒng サンシイチョン [★☆☆]

姜斉（春秋時代）の三勇士であった公孫捷、田開疆、古冶子の墓と伝えられる三士塚。斉の景公に仕えたものの、おごりたかぶった三雄士に困っていた晏嬰は、策略で3人を自害させた。高さ12m、東西111m、南北55mの規模で、臨淄斉国故城の南に位置する。

田単墓 田单墓 tián dān mù ティエンダァンムウ ［★☆☆］
戦国時代の紀元前284年、趙、楚、韓、魏の連合軍を指揮した燕の楽毅は、済水の西で斉軍をやぶり、続いて燕軍をひきいて臨淄も陥落させた。ここに威王、宣王、湣王と続いた田斉の繁栄も終わり、斉は70城あまりを失い、莒と即墨の2城を残すばかりとなった。こうしたなかの紀元前279年、斉（即墨）の田単は、間諜を使って燕の内政を乱し、「火牛の計」をもちいて、燕軍を破り、70あまりの城を奪いかえした。莒に逃れていた襄王は臨淄に招かれ、斉国は田単の功により復活した（田単復斉）。皇城鎮に位置する。

ヒトモノ
カネの
斉国譚

Lin Zi ヒトモノカネの斉国譚

戦国七雄のなかでも秦とならぶ強国だった斉
西帝を名乗った秦に対して、斉の湣王は東帝を名乗り
都臨淄は空前の繁栄を見せていた

春秋戦国時代の貨幣

春秋戦国時代、ある特定の場所、特定の期間に商取引が行なわれる市が立ち、物々交換にくらべて統一的な価値の尺度、決済機能をもつ貨幣が利用されるようになった。また紀元前221年に始皇帝が統一する以前の戦国時代では、それぞれの国や都市が独自に貨幣を鋳造していた。斉や燕では刀のかたちをした「刀銭」、韓・魏・趙では農耕具を模した「布銭」、楚では貝のかたちをした「銅貝銭」、秦では円孔（方孔）をもつ「円銭」。その後の中国や日本で円銭が使われたのは、秦が中国を統一し、そのかたちの通貨（円銭）が広まったこ

とによる。また春秋時代の斉の名宰相管仲が、貨幣と流通に注目して穀物の物価調整を行ない、国力を増強したことも知られる。斉では統治者のみに貨幣発行権があり、臨淄斉国故城には鋳銭遺址が残っている。

稷下の士

威王（在位紀元前356～前320年）、宣王（在位紀元前319～前301年）時代の斉の臨淄稷門に集まり、おのおのが自らの説（百家争鳴）を唱えて競いあった学問を「稷下の学」と呼ぶ。博聞にして強記と言われた斉の「淳于髠」、曲阜郊外

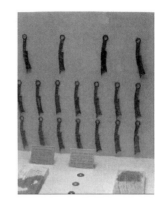

▲左 臨淄の中心部、高層ビルも立つ。 ▲右 斉国で使われていた刀銭、刀のかたちをしている

の鄒から臨淄におもむいてきた儒家の魯人「孟子」(斉の国政の最高顧問でもあった)、墨家では「宋銒尹文」、道家では老子の弟子で楚から斉にやってきた楚人「環淵」、それに続く斉人「田駢」、趙人「慎到」、渤海湾海岸の方士たちの術(神仙説)を体系化した陰陽家の斉人「鄒衍」。またその後の稷門がおとろえた時代、儒家の「荀子」は斉襄王によって祭酒(学長)に任じられている。南方楚の道家と、曲阜近郊の儒家というように特定の場所で育まれた思想がこの時代に臨淄の稷門に集まり、互いに影響をあたえていったことが特筆される。

CHINA
山東省

斉が強国となったワケ

斉の宰相管仲の富国強兵策を進め、桓公（〜紀元前643年）が最初の春秋覇者となるなど、春秋戦国時代を通じて強国として知られた斉。斉の国力は周囲を海に囲まれた山東半島の立地によるところが大きかった。斉では製塩や漁業が盛んで、黄河中流域の諸国家には海がなく、中国全土の生活で必要な塩を、斉が手中にしていた（古代の塩は山西省解池が知られたが、春秋戦国時代になると、斉の沿海地方で海水から製塩する方法が発見された）。また黄河や済水の地下水の恩恵から、耕地が豊富で、衣服に必要な養蚕や絹織物などの産業が

Lin Zi

ヒトモノカネの斉国譚

いち早く確立されたこともあげられる。国力が豊かになると、周囲から人びとが斉に流入し、都臨淄には諸子百家をはじめとする優秀な人材が集まって文化も大いに栄えた。

山東省

軍師孫臏と宰相孟嘗君

斉の威王（在位紀元前356～前319年）に仕えた軍師孫臏は、その先祖である孫武とあわせて孫氏の兵法として知られてきた。孫臏は3つのレベルの速さの馬を競わせるとき、「相手の上の馬に、こちらの下の馬」「相手の中の馬に、こちらの上の馬」「相手の下の馬に、こちらの中の馬」をあてることで2勝1敗にするといった兵法を説いた。孫臏ひきいる斉軍は、桂陵の戦い（紀元前354年）と馬陵の戦い（紀元前341年）で魏軍を破って、斉の覇権を確たるものにした。また威王の孫にあたる斉の宰相の孟嘗君は、食客三千人で知られた（魏

Lin Zi　ヒトモノカネの斉国譚

▲左　桓公、管仲、孫臏、孟嘗君、斉の国は多くの偉人を輩出した。　▲右　臨淄ではいたるところで「斉」の文字が見える

の信陵君、趙の平原君、楚の春申君とならぶ戦国の四君子）。孟嘗君が秦で幽閉されたとき、食客のなかの狗（犬）のように盗みのうまい者と、にわとりそっくりの鳴き声をする者の力で、危機を脱して斉に戻った「鶏鳴狗盗」の故事が伝わる。この故事は一見、役に立ちそうにない人間でも、状況と場合によっては活躍するという意味で使われ、孟嘗君はこうした人材をも抱えていた。

Guide,
Qi Ling Jie Dao
斉陵街道
城市案内

臨淄の南郊外に位置する斉陵街道
富国強兵策で斉の桓公を覇者にした管仲の墓
４つの山が連なる田斉王墓の四王塚が位置する

管仲紀念館 管仲纪念馆 guǎn zhòng jì niàn guǎn
グゥアンチョンジイニィエングゥアン［★★★］

管仲（〜紀元前645年）は鮑叔牙の推挙を受けて、斉国の宰相となり、40年のあいだ斉国の発展に尽くし、桓公（〜紀元前643年）を春秋最初の覇者へと押しあげた（周の威光が弱まるなか、桓公が中原諸侯に号令をかける覇者となった）。管仲の墓は、臨淄斉国故城を南側からのぞむ牛山北麓に位置し、ここには「斉相管仲夷吾之墓」という石碑が残っていた。2004年、管仲紀念館として整備され、入口には管仲の像が立ち、中軸線を中心に春秋戦国時代の宮殿を模した建物が配

【地図】斉陵街道

【地図】斉陵街道の［★★★］
- [ ] 管仲紀念館 管仲纪念馆 グゥアンチョンジイニィエングゥアン
- [ ] 姜太公祠 姜太公祠 ジィアンタァイゴォンツウ

【地図】斉陵街道の［★★☆］
- [ ] 臨淄（辛店）临淄 リンツウ

【地図】斉陵街道の［★☆☆］
- [ ] 斉都文化城 齐都文化城 チイドウウェンフゥアチャン
- [ ] 淄河 淄河 ツウハア
- [ ] 天斉淵 天齐渊 ティエンチイユゥエン
- [ ] 馬蓮台 马莲台 マアリィエンタァイ
- [ ] 四王塚 四王冢 スウワァンチョン
- [ ] 二王塚 二王冢 アアワァンチョン

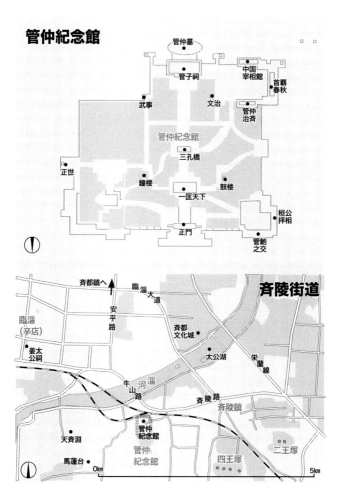

Lin Zi

斉陵街道城市案内

CHINA
山東省

されている。自らの立場を捨て幼なじみの管仲を推挙した鮑叔牙との「管鮑之交（管鮑の交わり）」、富国強兵制度で桓公を覇王におしあげた「桓公拝相」、たくみな経済政策で斉を豊かにした「管仲治斉」など、管仲にまつわる展示が続く。最奥に「管子祠」、そのさらに奥の高さ14m、東西36m、南北約16mの敷地に管仲墓が位置する。先に亡くなった管仲の遺言を桓公は聞かず、管仲(〜紀元前645年)死後から2年、桓公（〜紀元前643年）が世を去ったときには斉国は当時の勢力を失っていた。

Lin Zi

斉陵街道城市案内

▲左 回廊が続いていく、管仲紀念館にて。　▲右 富国強兵を進めた管仲、その力によって桓公は覇者となった

管仲の政策とは

管仲の政策は、人びとに必要な海塩、農具や武具をつくる鉄を国有化し、流通、物価を調整する富国強兵策だった。農業を奨励して開墾を進め、民からは税金をとらずに商工業を活性化させることで、人びとは斉へ集まってきた。また管仲は貨幣に注目し、国家が貨幣の鋳造権（斉では刀銭）を独占することで物価や穀物の価格を調整した。たとえば商人のもうけが多くなり、農民が疲弊したときには、諸侯、大臣、上大夫に命じて穀倉をつくらせ、そこに穀物をおさめさせることで、穀物の価格を3倍にして農民の生活を向上させた。また

CHINA
山東省

斉と対立する魯や梁のつむぎ(特産品)を大量に高価で買い続け、旨みを知った魯や梁の農民が耕作を捨て、皆つむぎを生産するようになったたところで、管仲はつむぎの輸入をやめて国境を閉じた。すると、魯や梁の人びとは飢えに苦しみ、ついには斉に降伏した。こうした管仲の言動は、『管子』として戦国時代の斉でまとめられることになった。

天斉淵 天齐渊 tiān qí yuān ティエンチイユゥエン [★☆☆]
臨淄斉国故城の南東郊外の牛山北西麓劉家終村に位置し、斉国の聖地として知られた天斉淵。かつて豊泉、瑞泉、天泉、地泉、天斉池という5つの泉がわき、春秋戦国時代の斉で信仰された八神のなかでも、最高格の天神がまつられていた。ここは「天斉（天の腹臍、天のへそ）」とされ、斉という国名の由来にもなったほどで、「斉こそ天下の中心である」という斉中華思想も見られた。なお、覇者となった斉の桓公は、泰山で「封禅の儀」を行なおうとして、管仲にたしなめられ、臨淄斉国故城の南東の蛟山で天をまつった経緯もある。

山東省

馬蓮台 马莲台 mǎ lián tái マアリィエンタァイ ［★☆☆］

荒々しいむき出しの山塊が続き、壮大な景観を見せる馬蓮台。高さ174m、石灰岩質の「牛山」、百花繚乱の稷門の由来になった「稷山」に連なり、清明節のころ、桃、杏、梨などが花を咲かせる。かつて孟子は、このあたりの樹木の美しさをたたえた。

▲左　昔の人の生活ぶりがうかがえる人形。　▲右　牛山を背に、臨淄の街にのぞむように立つ

四王塚 四王冢 sì wáng zhǒng スウァンチョン ［★☆☆］

四王塚は、西から「高さ 30m（周囲 140m）」「高さ 34m（周囲 157m）」「高さ 22m（周囲 190m）」「高さ 23m（周囲 130m）」と連なる 4 つの山状の王墓群。田斉の第 4 代威王、第 5 代宣王、第 6 代湣王、第 7 代襄王の墓とされていて、方形の基壇に円墳が載る。第 4 代威王（在位紀元前 356 〜前 320 年）は軍師孫臏の力もあって、桂陵の戦いと馬陵の戦いで、魏軍を破り、斉を大国にした。第 5 代宣王（在位紀元前 319 〜前 301 年）は諸国から人材を集め、稷下の学の最盛期だった。第 6 代湣王（紀元前 301 〜前 284 年）は秦の昭襄王

CHINA
山東省

の西帝に対して東帝を名乗るなど絶頂を迎えたが、一方で、燕の楽毅に攻められ、国を失いかけた。第7代襄王は将軍田単の力を借りて田斉を復活させた。斉の王墓は春秋時代は臨淄斉国故城内に王墓があったが、戦国時代になると墓地は城外につくられ、大型化した。また四王塚の墓主ははっきりと確定しておらず、4人の斉王の墓ではなく、斉王と王妃の墓ではないか、とも目されている。

田氏の浮上と戦国時代

斉は姜姓の太公望を始祖とする春秋時代の「姜斉(紀元前1045〜前386年)」と、下克上によって替わった戦国時代の田氏の「田斉(紀元前386年〜前221年)」にわかれる。斉に亡命してきた陳の貴族の田氏は、斉の家臣でありながら、豊かな山林藪沢(木材、皮革、魚塩の利)を手中にして力をつけていった。紀元前481年、田常(田成子)が斉の簡公を殺害し、跡継ぎを擁立して、斉の実権をにぎり、その後、紀元前386年、田和が斉国王の座を奪った(斉公室と同じ姜姓の国氏と高氏が上位の官をしめていたが、それらも滅ぼし

CHINA
山東省

た)。やがて中原諸国から諸侯として認められ、以後、紀元前221年に秦の始皇帝に滅ぼされるまで、田斉は8代166年間続いた。家臣が実力で主君にとって替わる下克上は、春秋時代から戦国時代への転換期とされ、中原の晋の家臣であった韓氏、魏氏、趙氏らがそれぞれの名前のついた王権をつくったことでも知られる。

二王塚 二王冢 èr wáng zhǒng アアワァンチョン ［★☆☆］

二王塚は、紫金山、牛首丘、菟頭山のあいだにならぶふたつの墓。斉の第 16 代桓公（紀元前 685 〜前 643 年）と、第 25 代景公（紀元前 547 〜前 490 年）のものとされている。四王塚の東に位置する。

山東省

斉都文化城 齐都文化城 qí dōu wén huà chéng
チイドウウェンフゥアチャン [★☆☆]

春秋戦国の斉国の文化を紹介する斉文化博物館、蹴鞠（サッカー）の発祥地とされる臨淄の足球博物館、骨董品をあつかう文化市場はじめ、いくつもの民間芸術などからなる斉都文化城。淄河にのぞむように立ち、目の前には淄河を利用してつくられた太公湖が位置する（さらにその対岸には斉王陵がそびえる）。さまざまな外観をもつ複合建築物で、臨淄の文化の展示、研究、教育拠点となっている。

Lin Zi 斉陵街道城市案内

▲左　複合現代建築からなる斉都文化城。　▲右　斉都文化城内部の様子

蹴鞠の発祥地

臨淄がサッカー発祥の地（「世界足球起源地」）と宣言しているのは、「臨淄城は戸数七万、町は富み栄え、民はみな音曲を奏で、闘鶏・走狗・六博・蹴鞠の遊戯にふけり、大通りは車輪のしんがうちあい人の肩がすりあい、衣服がひるがえる雑踏で、人々の汗は雨のようだ」という『戦国策』の記述による。蹴鞠は黄帝がつくったとも、戦国時代の臨淄で生まれたスポーツだとも言われる。その後、漢（紀元前202〜220年）代の軍人のあいだでは、ゴールにあたる鞠域（穴）を使用して、フットボール（サッカーに似た競技）も行なわれていた

CHINA
山東省

という。隋唐時代、日本にも蹴鞠が伝わり、唐代には騎馬による打毬(ポロ)やふたつの鞠門(ゴール)をもちいる競技も行なわれた。また宋代の、鞠を落とさないように蹴りつづける遊びの記述も見える。蹴鞠の鞠(ボール)は古くは革のなかに毛をつめていたが、唐代になると空気を入れるようになった。

斉陵街道城市案内 / Lin Zi

淄河 淄河 zī hé ツウハア ［★☆☆］

臨淄という地名は、「淄河に臨む（街）」というところに由来する。淄河は、臨淄南方の原山と魯山北麓から流れて臨淄にいたり、小清河と合流して渤海へそそぐ（長さ 155 km）。臨淄の繁栄は、淄河の恵みによるところが大きく、現在、市街南東には淄河を利用した太公湖が整備されている。古代中国、伝説の王の禹王が治水を行なったとき、このあたりの土石が黒色で漆のような水面であったことから「淄河（黒い水）」と呼ばれるようになったという。

Guide, Zi Bo
淄博
城市案内

臨淄はより上位の行政区画である
淄博の一部を構成する
山東省のちょうど中央部に位置する

淄博 淄博 zī bó ツウボウ ［★☆☆］

魯中山地から華北平野へ移っていくところ、臨淄の西 25 km、済南の東 90 kmに位置する淄博。淄博という名前は 1927 年にはじめてもちいられ、博山、周村、張店、淄川などが合併して 1955 年には正式に市の名称となった（淄川の「淄」と博山の「博」からとられた）。530 〜 550 年ごろ中国を代表する農業書『斉民要術』はここ淄博で生まれたとされるほか、怪奇短編小説集『聊斎志異』の蒲松齢は淄川を出身地とする。淄博は 20 世紀中ごろ以降、石油化学、医薬化学、鉱業を中心とする新興都市として台頭し、農産物や果実の集散地にも

【地図】淄博郊外

【地図】淄博郊外の [★★☆]
- ☐ 周村古商城 周村古商城 チョウチュングウシャンチャァン
- ☐ 臨淄（辛店）临淄 リンツウ

【地図】淄博郊外の [★☆☆]
- ☐ 淄博 淄博 ツウボウ
- ☐ 蒲松齢故居 蒲松龄故居 プウソォンリィングウジュウ
- ☐ 聊斎城 聊斋城 リィアオチャァイチャァン
- ☐ 青州 青州 チィンチョウ
- ☐ 原山国家森林公園 原山国家森林公园 ユゥエンシャングゥオジィアセンリンゴォンユゥエン
- ☐ 金峰鎮清真寺 金岭镇清真寺 ジィンリィンチェンチィンチェンスウ

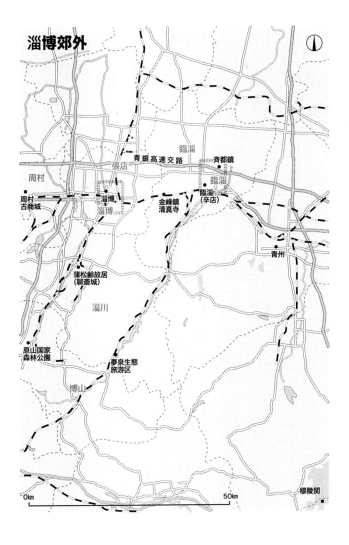

【地図】淄博の ［★☆☆］

- [ ] 淄博 淄博ツウボウ
- [ ] 中国陶瓷博物館 中国陶瓷博物馆 チョングゥオタァオツウボオウウグゥアン

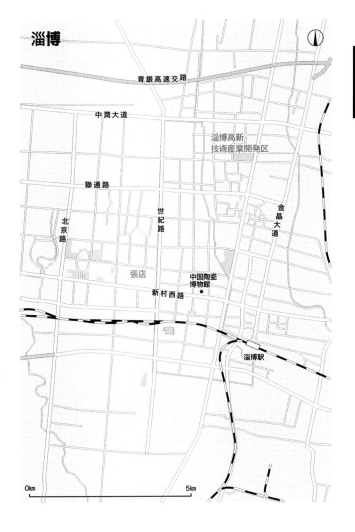

CHINA
山東省

なっている。淄博高新技術産業開発区が、淄博市街の北側に位置する。

石炭の街

淄博は、炭化作用が充分に行なわれた太古石炭紀の石炭を豊富に埋蔵する。19世紀末、この豊富な鉱物に目をつけたのがドイツで、青島と済南を結ぶ膠済鉄道、淄博から淄川へ向かう支線を敷いた（資源を港町青島へと運んだ）。このドイツの権益は日本に引き継がれたため、戦前の淄川では日中合弁の魯大公司があるなど、多くの居留法人がいたという。現

【MEMO】

在の淄博市の発展は、この豊富な埋蔵量をほこる鉱物によるところが大きく、とくに20世紀中ごろ以降、新興工業都市へと発展した。

中国陶瓷博物館 中国陶瓷博物馆 zhōng guó táo cí bó wù guǎn チョングゥオタァオツウボオウウグゥアン ［★☆☆］

淄博の中心部に立つ中国陶瓷博物館。炭素の含有の多いよい炭がとれることから、淄博は磁器の都でもあり、景徳鎮（江西省）、醴陵（湖南省）、仏山（広東省）、唐山（河北省）とならぶ全国五大磁器生産地のひとつとされる。淄博の陶磁器

▲左　臨淄の西25kmに位置する淄博。　▲右　街角で店を構えていたフルーツ屋さん

淄博城市案内　Lin Zi

は新石器時代の龍山文化にまでさかのぼり、北朝時代に「青釉磁器」を、唐代に「黒釉磁器」をつくっていた伝統があり、金代にはおとろえた。これらの陶磁器は人びとの生活と関わりが強く、自由奔放な「民窯」だったことを特徴とする（中国では官窯のほうが重視された）。淄博の宋代窯跡からは多くの陶器人形が発掘されているほか、「魯花釉三足筆洗」のような作品、伝統ある「雨点釉（天目）」はじめ、数十種の釉薬が使われていた。現在でも石炭を産出するこの地の土を使った陶磁器工場も多く見られ、食器や茶器、酒器のほかに、文具、喫煙具などが生産されている。

CHINA
山東省

周村古商城 周村古商城 zhōu cūn gǔ shāng chéng
チョウチュングウシャンチャァン［★★☆］

周村は山東省のちょうどへその部分に位置し、北京を都とした元（1260〜1368年）代以来、その立地が注目され、明清時代には農村で産出される蚕糸の集散地となってきた。養蚕や手工業が盛んなところ、人口密度の高さ、中国各地から商人の集まるにぎわいから、1750年、清朝の乾隆帝は周村を「天下第一村」とたたえた。またここ周村から馬車やジャンク船、近代には鉄道で上海や広州はじめ、中国各地へ絹や絹製品が運ばれ、周村の商人は魯商こと山東商人の代表格と見られた

（1904年以降、東門外に外国人居留地があるなど、外国商人からも注目された）。現在は、周村古商城として整備が進み、明清時代の面影を残す家屋がずらりとならぶ。明代の1410年に整備された「大街」を中心に、山東蚕糸の交易でにぎわった「絲市街」、魯商たちの票号や銭荘があった「銀子市街」、絹を染色する業者の「大染坊」、唐代以来の古刹「千仏寺」、四合院様式の邸宅の「楊家大院」、1852年築の「魁星閣古廟群」などが残る。また小吃の周村焼餅も知られる。

【地図】周村の [★★☆]

- ☐ 周村古商城 周村古商城
    チョウチュングウシャンチャァン

CHINA
山東省

蒲松齢故居 蒲松龄故居
pú sōng líng gù jū プウソォンリィングウジュウ　[★☆☆]
鬼、狐、仙、怪などが登場する怪奇短編小説集『聊斎志異』の著者の蒲松齢故居。蒲松齢（1640〜1715年）は、淄川県城の東4kmにあたるここ満井荘（蒲家荘）で生まれ、その号を「聊斎」といった。科挙の生員には合格したものの、その後、上級官吏への試験に落ち続け、おもに家庭教師をしながら暮らした。『聊斎志異』の執筆にあたって蒲松齢は、自宅の前に椅子をおいて、旅人がやってくると、タバコや茶などをふるまって、「ところで、変わった話を知らないかね？」とた

ずね、おもしろい話があるとそれを書きとめて素材としたという。蒲松齢故居は20世紀に入ってから、四合院様式で復元され、郭沫若の筆による「蒲松齢故居」の扁額が見え、調度品のおかれた「聊斎正房」が残る。

山東省

聊斎城 聊斋城
liáo zhāi chéng リィアオチャァイチャァン [★☆☆]

聊斎城は、蒲松齢（1640〜1715年）の『聊斎志異』をモチーフとしたテーマパーク。人間の女に化けた狐、虎から人間への変身など、鬼、狐、仙、怪とった想像力豊かな『聊斎志異』の世界が表現されている。蒲松齢の人生や書画、刻瓷などを展示した「芸術陳列館」、古典園林様式の庭園「狐仙園」、石碑や壁画の見られる「石隠園」、八角の楼閣がたつ「聊斎宮」、大雄宝殿を中心に伽藍がならぶ「満井寺」、『聊斎志異』に登場する狐をテーマとした「観狐園」からなる。

青州 青州 qīng zhōu チィンチョウ［★☆☆］

古代禹貢にみえる九州のひとつで、長らく山東半島の政治、経済、文化の中心地となってきた青州。元（1260 〜 1368 年）代には多くの回族が青州旧城に移住し、明（1368 〜 1644 年）代には山東省の省都にもなった。また清（1616 〜 1912 年）代には青州旧城とは別に、城北に満州八旗の居城満州城があった。この青州郊外では、北朝（386 〜 581 年）から隋唐（581 〜 907 年）時代にかけて仏教が盛んとなり、仏教石窟の「雲門山石窟」や「駝山石窟」が位置する。

CHINA
山東省

原山国家森林公園 原山国家森林公园
yuán shān guó jiā sēn lín gōng yuán ユゥエンシャングゥオジィアセンリンゴォンユゥエン ［★☆☆］

原山国家森林公園一帯は、ちょうど春秋戦国時代の斉国と魯国の国境地帯にあたり、斉長城が走る。現在の斉長城は、1993年に修復されたもので、全長680m、烽火台、顔文関、蔵兵洞なども見られる（ここは斉から魯に通ずる峠道で、国境警備の兵隊を駐屯させていた）。また近くには、557年に建立された顔文姜祠が、鳳凰山東南麓の地形にあわせて展開する。

▲左　古の昔語りを今に伝える。　▲右　石油や石炭を主要産業とする淄博

斉の長城

春秋戦国時代、南の魯国と北の斉国をわけた斉長城（斉魯長城）は、中国各地にあった長城のなかでも最古のものとされる。紀元前6世紀なかば、諸侯の攻撃から国土を守るために霊公（在位紀元前581〜前554年）のときに建設がはじまり、戦国時代の威王（在位紀元前356〜前320年）、宣王（在位紀元前319〜前301年）のころ完成した。斉長城は、済水（黄河）のほとりから泰山をへて、山の尾根を走り、黄海に面した琅琊まで500kmにわたって続いていたという（大小の石塊を積みあげた様式で、現在の版築ではなかった）。また、こ

CHINA
山東省

の斉長城は、『孟姜女物語』の舞台になったことでも知られる。紀元前221年、中華を統一した秦の始皇帝は、春秋戦国時代の各国長城をつなげあわせて万里の長城を整備した。また現在、北京の北方で見られる万里の長城は、始皇帝の長城よりもはるかに南を走り、明代に築かれたものとなっている。

金峰鎮清真寺 金岭镇清真寺 jīn lǐng zhèn qīng zhēn sì
ジィンリィンチェンチィンチェンスウ [★☆☆]

モンゴル族の統治した元（1260〜1368年）代、イスラム教徒の回族がその実務をにない、山東省にも多く移住してきた。金峰鎮は今でも回族の人たちが多く暮らし、金峰鎮清真寺はその信仰の中心となっている。東を向いた緑の屋根瓦の「大門」には、アラビア文字が見え、そこから南北58m、東西70mの敷地内に、月を見てイスラム暦を知る「望月楼」、明代に創建された「主殿」などが展開する。

臨淄こぼればなし

東は琅琊、北は渤海、西は済水、南は泰山
美しい自然がめぐる山東半島で
斉国は春秋戦国の繁栄を迎えた

山東半島の東夷

山東半島では新石器時代の北辛文化、大汶口文化、龍山文化時代より、はっきり中原と異なる性格が見られた。黄河中流域とは異なる、これらの文化を受け継ぐ東夷は遼寧省、河北省北部、山東省、江蘇省などに暮らし、紀元前17、16～前11世紀の殷王朝はこの東夷を出自としたという（「夷」とは人と弓からなるとも、人が腰を折ってうずくまるかたちを象形化したもいう）。紀元前1045年、周の太公望が営邱（臨淄）に斉国を開いた当初、東夷の莱とこの街の領有をめぐって争っている。東夷と、新しく西方から入植してきた姜族（斉

CHINA
山東省

の貴族)が併存するなか、紀元前567年、東夷の莱は斉軍によって滅ぼされ、やがて融合して漢民族が確立されていった(斉の名宰相の晏子は東夷の莱の出身)。また始皇帝による統一、中華の拡大とともに、韓国や日本も東夷とあつかわれるようになった。

めぐる循環

円孔の貨幣、信賞必罰の法を重んじる現実的な価値観、乾燥地帯を出自とする西方の「秦」と、刀型の貨幣、封禅をはじめ祭祀を重視する価値観、湿潤地帯の東方の「斉」では、まっ

▲左　ビールが山積みにされていた、河崖頭村にて。　▲右　闕と呼ばれる左右一対になった古代中国の門の様式

たく異なる文化をもっていた。海と山に恵まれた斉では、人智を超えた自然神への信仰が強く、1年を通して循環する自然への祭祀が催された。「天主（臨淄の泉のわく天の臍）」「地主（泰山近くの梁父山）」「兵主蚩尤（斉の西境の地）」「陰主（三神山をかたどった渤海沿岸の三山）」「陽主（渤海に突き出した芝罘島の南面）」「月主（渤海をのぞむ莱山）」「日の出の日主（山東半島東端の成山）」「四季をまつる四時主（斉の東方の琅琊台）」というように、斉国各地で自然神（八神）がまつられていた。これらは紀国や莱国といった各地の侯国の神で、戦国時代に八神に整理されたという（泰山は別格とされ

山東省

た)。斉の方士による自然神への祭祀は、秦の始皇帝をも魅了し、紀元前219年の第2回巡行で臨淄に入ったとき、斉の社稷と宗廟は破壊したが、八神は保護した。また泰山における封禅、方士徐福の東方派遣などを行なわせしめた。

生物学から見た臨淄人

臨淄近郊では、西周から秦漢時代にかけて、1000基以上の墓が発掘されてきた。春秋(紀元前770〜前403年)時代、漢(紀元前202〜220年)代、現代の古人骨のDNAを調べた調査では、2500年前の春秋時代の臨淄人はヨーロッパ人

臨淄こぼればなし
Lin Zi

に近く、その 500 年後の漢代の臨淄人は中央アジア人に近く、現代の臨淄人は日本人や韓国人に近いという。これは古い時代の山東省にはヨーロッパ人に通ずる人びとが暮らし、その後、東アジア系の人びとがこの地に移住してやがて融合していったことを示すのだという（山東省では現代でもアジア人離れした背の高い人が多く見られる）。また西周から秦漢時代にかけて臨淄の地で発掘された中国の人骨が、日本の山口県で発掘された弥生人の人骨と似ていることも指摘され、臨淄人が山東省から朝鮮半島をへて西日本へ移住したこともうかがえる。

参考文献

『中国古代国家形成史論』(太田幸男 / 汲古書院)

『古代中国人類集団の遺伝的多様性とその時代変遷に関する調査研究』(植田信太郎 / 東京大学)

『渡来系弥生人のルーツを大陸にさぐる』(松下孝幸編集 / 土井ヶ浜遺跡人類学ミュージアム・山東省文物考古研究所)

『临淄齐故城』(山東省文物考古研究所編著 / 文物出版社)

『临淄区志』(山東省淄博市临淄区志編纂委員会編 / 国際文化出版公司)

『人間・始皇帝』(鶴間和幸 / 岩波書店)

『中国の城郭都市』(愛宕元 / 中央公論社)

『世界大百科事典』(平凡社)

まちごとパブリッシングの旅行ガイド

Machigoto INDIA , Machigoto ASIA , Machigoto CHINA

【北インド - まちごとインド】

001 はじめての北インド
002 はじめてのデリー
003 オールド・デリー
004 ニュー・デリー
005 南デリー
012 アーグラ
013 ファテープル・シークリー
014 バラナシ
015 サールナート
022 カージュラホ
032 アムリトサル

【西インド - まちごとインド】

001 はじめてのラジャスタン
002 ジャイプル
003 ジョードプル
004 ジャイサルメール
005 ウダイプル
006 アジメール（プシュカル）
007 ビカネール
008 シェカワティ
011 はじめてのマハラシュトラ
012 ムンバイ
013 プネー
014 アウランガバード
015 エローラ
016 アジャンタ
021 はじめてのグジャラート
022 アーメダバード
023 ヴァドダラー（チャンパネール）
024 ブジ（カッチ地方）

【東インド - まちごとインド】

002 コルカタ
012 ブッダガヤ

【南インド - まちごとインド】

001 はじめてのタミルナードゥ
002 チェンナイ
003 カーンチプラム
004 マハーバリプラム
005 タンジャヴール
006 クンバコナムとカーヴェリー・デルタ
007 ティルチラパッリ
008 マドゥライ
009 ラーメシュワラム
010 カニャークマリ
021 はじめてのケーララ
022 ティルヴァナンタプラム
023 バックウォーター（コッラム～アラップーザ）
024 コーチ（コーチン）
025 トリシュール

【ネパール - まちごとアジア】

001 はじめてのカトマンズ
002 カトマンズ
003 スワヤンブナート

004 パタン
005 バクタプル
006 ポカラ
007 ルンビニ
008 チトワン国立公園

【バングラデシュ - まちごとアジア】

001 はじめてのバングラデシュ
002 ダッカ
003 バゲルハット（クルナ）
004 シュンドルボン
005 プティア
006 モハスタン（ボグラ）
007 パハルプール

【パキスタン - まちごとアジア】

002 フンザ
003 ギルギット（KKH）
004 ラホール
005 ハラッパ
006 ムルタン

【イラン - まちごとアジア】

001 はじめてのイラン
002 テヘラン
003 イスファハン
004 シーラーズ
005 ペルセポリス
006 パサルガダエ（ナグシェ・ロスタム）
007 ヤズド
008 チョガ・ザンビル（アフヴァーズ）
009 タブリーズ
010 アルダビール

【北京 - まちごとチャイナ】

001 はじめての北京
002 故宮（天安門広場）
003 胡同と旧皇城
004 天壇と旧崇文区
005 瑠璃廠と旧宣武区
006 王府井と市街東部
007 北京動物園と市街西部
008 頤和園と西山
009 盧溝橋と周口店
010 万里の長城と明十三陵

【天津 - まちごとチャイナ】

001 はじめての天津
002 天津市街
003 浜海新区と市街南部
004 薊県と清東陵

【上海 - まちごとチャイナ】

001 はじめての上海
002 浦東新区
003 外灘と南京東路
004 淮海路と市街西部
005 虹口と市街北部
006 上海郊外（龍華・七宝・松江・嘉定）
007 水郷地帯（朱家角・周荘・同里・甪直）

【河北省 - まちごとチャイナ】

001 はじめての河北省
002 石家荘
003 秦皇島
004 承徳
005 張家口
006 保定
007 邯鄲

【山東省 - まちごとチャイナ】

001 はじめての山東省
002 はじめての青島
003 青島市街
004 青島郊外と開発区
005 煙台
006 臨淄
007 済南
008 泰山
009 曲阜

【江蘇省 - まちごとチャイナ】

001 はじめての江蘇省
002 はじめての蘇州
003 蘇州旧城
004 蘇州郊外と開発区
005 無錫
006 揚州
007 鎮江
008 はじめての南京
009 南京旧城
010 南京紫金山と下関
011 雨花台と南京郊外・開発区
012 徐州

【浙江省 - まちごとチャイナ】

001 はじめての浙江省
002 はじめての杭州
003 西湖と山林杭州
004 杭州旧城と開発区
005 紹興
006 はじめての寧波
007 寧波旧城
008 寧波郊外と開発区
009 普陀山
010 天台山
011 温州

【福建省 - まちごとチャイナ】

001 はじめての福建省
002 はじめての福州
003 福州旧城
004 福州郊外と開発区
005 武夷山
006 泉州
007 廈門
008 客家土楼

【広東省 - まちごとチャイナ】

001 はじめての広東省
002 はじめての広州
003 広州古城
004 天河と広州郊外
005 深圳（深セン）
006 東莞
007 開平（江門）
008 韶関
009 はじめての潮汕

010 潮州
011 汕頭

【遼寧省 - まちごとチャイナ】

001 はじめての遼寧省
002 はじめての大連
003 大連市街
004 旅順
005 金州新区
006 はじめての瀋陽
007 瀋陽故宮と旧市街
008 瀋陽駅と市街地
009 北陵と瀋陽郊外
010 撫順

【重慶 - まちごとチャイナ】

001 はじめての重慶
002 重慶市街
003 三峡下り（重慶〜宜昌）
004 大足

【香港 - まちごとチャイナ】

001 はじめての香港
002 中環と香港島北岸
003 上環と香港島南岸
004 尖沙咀と九龍市街
005 九龍城と九龍郊外
006 新界
007 ランタオ島と島嶼部

【マカオ - まちごとチャイナ】

001 はじめてのマカオ
002 セナド広場とマカオ中心部
003 媽閣廟とマカオ半島南部
004 東望洋山とマカオ半島北部
005 新口岸とタイパ・コロアン

【Juo-Mujin（電子書籍のみ）】

Juo-Mujin 香港縦横無尽
Juo-Mujin 北京縦横無尽
Juo-Mujin 上海縦横無尽
見せよう！デリーでヒンディー語
見せよう！タージマハルでヒンディー語
見せよう！砂漠のラジャスタンでヒンディー語

【自力旅游中国 Tabisuru CHINA】

001 バスに揺られて「自力で長城」
002 バスに揺られて「自力で石家荘」
003 バスに揺られて「自力で承徳」
004 船に揺られて「自力で普陀山」
005 バスに揺られて「自力で天台山」
006 バスに揺られて「自力で秦皇島」
007 バスに揺られて「自力で張家口」
008 バスに揺られて「自力で邯鄲」
009 バスに揺られて「自力で保定」
010 バスに揺られて「自力で清東陵」
011 バスに揺られて「自力で潮州」
012 バスに揺られて「自力で汕頭」
013 バスに揺られて「自力で温州」
014 バスに揺られて「自力で福州」
015 メトロに揺られて「自力で深圳」

【車輪はつばさ】
南インドのアイラヴァテシュワラ寺院には建築本体に車輪がついていて寺院に乗った神さまが人びとの想いを運ぶと言います。

・本書はオンデマンド印刷で作成されています。
・本書の内容に関するご意見、お問い合わせは、発行元の
　まちごとパブリッシング info@machigotopub.com までお願いします。

まちごとチャイナ
山東省006臨淄
〜栄華きわめた春秋戦国「斉の都」[モノクロノートブック版]

2017年11月14日　発行

著　者	「アジア城市（まち）案内」制作委員会
発行者	赤松　耕次
発行所	まちごとパブリッシング株式会社
	〒181-0013　東京都三鷹市下連雀4-4-36
	URL http://www.machigotopub.com/
発売元	株式会社デジタルパブリッシングサービス
	〒162-0812　東京都新宿区西五軒町11-13
	清水ビル3F
印刷・製本	株式会社デジタルパブリッシングサービス
	URL http://www.d-pub.co.jp/

MP194

ISBN978-4-86143-328-3　C0326　　　Printed in Japan
本書の無断複製複写 (コピー) は、著作権法上での例外を除き、禁じられています。